Theodor Schnitzler

Kirchenjahr und Brauchtum neu entdeckt

In Stichworten, Übersichten und Bildern

Herder Freiburg · Basel · Wien

HERDERIANAE FAMILIAE
OB EXPLETUM CLXXV. ANNUM
IN SERVITIO QUAE LIBERAVIT VERITATIS
D
AUCTOR QUALISCUMQUE

Imprimatur. – Freiburg im Breisgau, den 11. November 1976
Der Generalvikar: Dr. Schlund
Freiburger Graphische Betriebe 1977
ISBN 3-451-17480-4

Umschlagbild: Gruppe aus dem Festzug des Stiftes Ranshofen, Oberösterreich, anläßlich der 800-Jahr-Feier seiner Gründung 1699. Aquarell aus einer zeitgenössischen Bilderhandschrift, Linz (Landesmuseum). Foto: Erich Lessing.
Die Abbildungen des Bandes sind, soweit bei den Bildlegenden keine Quelle angegeben ist, dem Herder-Bildarchiv entnommen.

Vorwort

Eigentlich geht es im Titel dieses kleinen Buches nur um das Wörtchen „und“: Kirchenjahr *und* Brauchtum, neu entdeckt. Weder die Liturgie noch das Brauchtum bedürfen der neuen Entdeckung. Ohne das Kirchenjahr gibt es keine Liturgie und ohne Liturgie kein kirchliches Leben. Ohne Brauchtum gibt es kein familiäres und kein dörfliches oder kleinstädtisches Leben. Aber daß Kirchenjahr *und* Brauchtum nicht nur kalendermäßig zusammengehören, sondern auch wesensmäßig und abstammungsgemäß, dürfte für manchen eine neue Entdeckung sein. Unsere Lesebücher lehrten und lehren anders. Obwohl Wissenschaft und Forschung der Brauchtumslehre längst andere Einsichten gewonnen hatten, blieb in Schul- und Lern- und Lesebüchern oft genug der Irrtum hängen: Das Brauchtum sei so etwas wie eine Verkapselung des alten germanischen Heidentums im Winkel des Hauses der Christenheit, eine Ecke, die vom Taufwasser trocken blieb ... Es lag ein leises alldeutsches Heimweh über diesen Behauptungen, der Hase sei das heilige Tier der germanischen Göttin Ostara, der Nikolaus ein weiterlebender Wodan — Heimweh nach dem „Und“: Germanentum und Brauchtum. Wer durch diese Schule hindurchgegangen ist, entdeckt in den hier vorliegenden Tabellen und Blättern das andere „Und“: Kirchenjahr und Brauchtum. Im Brauchtum wird das Herrenjahr familiär. Im Jahre des Herrn kommt das Brauchtum in seine Heimat.

Die Methode dieses Büchleins möchte viele Worte sparen und in der kurzen Form der Tabelle oder Stammbaumzeichnung dem Lehrenden und Unterweisenden rasche Auskünfte geben. Nicht zum Lesen, sondern zum Lehren dienen diese Aufzeichnungen zunächst. Zugleich mag auch der Lesende nicht enttäuscht sein. Man kann sich ja auch durch die Schlagzeilen der Zeitungen über das Weltgeschehen unterrichten, man kann auch im Kurzlexikon Information finden, über die man lange nachsinnen kann. Das Ergebnis könnte der Brückenschlag des „und“ sein.
Die „Und“-Brücke verbindet auch Ost und West. Für die Mitbrüder drüben wurden diese Zeilen geschrieben und vom Leipziger Benno-Verlag in den Pastoral-katechetischen Heften veröffentlicht, gewidmet dem Erfurter Oberhirten Hugo Aufderbeck. Der Verlag Herder hat die Neuausgabe mit einer reichen Illustration ausgestattet. Sie verdankt der Findigkeit und Treffsicherheit des Lektors Ulrich Schütz ihre Einfügung. Der Text weiß sich dadurch bald erläutert, bald nur begleitet.

Inhalt

Lamm Gottes im Jahreskreis, dargestellt durch Kranz aus Blüten, Ähren, Trauben, Oliven. Ausschnitt aus Elfenbeindiptychon, Mailand (Domschatz), 2. Hälfte 5. Jh.

1. St. Martin

erster Confessor – Nichtmartyrer
einer der großen Mönchsväter nördlich der Alpen
Schutzheiliger der Franken, des merowingischen Königshauses

darum hoher Festtag

mit: Lucernarium
Lichterprozession
zur 1. Vesper wie Ostern
(Martinsfackelzüge)

letzter Festtag vor der sechswöchigen
Adventsfastenzeit der gallikanischen
Liturgie

darum

Karnevalsbelustigungen
wie vor Aschermittwoch
(der „11. 11.")

festliche Speiseordnung
(die „Martinsgans")
(die Süßigkeiten und Früchte)

das „Heischerecht" der Kinder:
Recht, von Paten und Nachbarn
einen Anteil an Festtagsspeisen
zu verlangen
(das Singen der Kinder an den Türen)

Im Hintergrund

Die Cappa (Mantel) oder Cappella (Mäntelchen) des hl. Martin als Hoch-Reliquie aufbewahrt in der Schloßkapelle der französischen Könige zu Paris.

Sie heißt „Sainte Chappelle" wegen des Martinsmantels
(wie der Turiner Dom „Sacro Volto" heißt)

Jede kleine Kirche
nennt sich Kapelle.

Der Geistliche an
einer solchen Kirche:
Kaplan.

Die Musiker der
Kirche heißen
Capella

vocale instrumentale

Die Gesamtheit der
Ornate für ein Hoch-
amt heißt „Capelle".

Traumvision und Mantelteilung des hl. Martin.
Miniatur (Albanipsalter), Hildesheim, 1. Hälfte 12. Jh.

Kinder beim Martinszug, zu dessen Abschluß
eine Martinsbrezel oder Martinstüte nicht fehlen
darf (foto-present/Herzog, Düsseldorf).

2. Der Advent

hat zwei Wurzeln

Ephesus (431)

Vorbereitungszeit auf Weihnachten unter Eindruck der Inkarnationstheologie des Konzils: Wenigstens 1 Sonntag vor Weihnachten

1. Spur: Bosra in Arabien

Rom: Marianische u. inkarnatorische Prägung der älteren Dezember-Quatember

Röm. Lit. z. Z. Gregors 4 Adventssonntage

Gallien (6. Jh.)

Vorbereitungszeit auf Weihnachten unter dem Einfluß des gallisch-irischen Mönchtums (Columban!) angesichts des fränkisch-keltisch-lateinischen Verschmelzungsprozesses (Merowingerzeit/Nibelungenlied-zustände): eschatologische Ideen, Betonung des Weltgerichts

Dauer 6 Wochen, Beginn nach Martinsfest, 11. Nov.

Gegenseitige Durchdringung

Röm. Advent dominiert in der etwa dreiwöchigen Dauer.

(Marianisch-)inkarnatorisch-ephesinischer Charakter in vielen Texten (z. B. 4. Sonntag)

Gall. Advent, erhalten in Gerichtsevangelien und zahlreichen Parusietexten. Seine alte Dauer erkennbar im Martinsbrauchtum

Kreuz vor gestirntem Himmel,
Zeichen des endzeitlichen Kommens Christi.
Apsismosaik, Ravenna, S. Apollinare in Classe, 6. Jh.

Verkündigung und Geburt Jesu.
Apsismosaik, Rom,
S. Maria Maggiore, Ende 13. Jh.

3. Der Adventskranz

Beachte: Kirchen- und Heimschmuck sind in Festzeiten Zweige, sommers Birken, winters Tannen.

Kranz = geflochtene Zweige.

Zeichen der Huldigung an den Kommenden

Darauf vier Kerzen als Zählinstrument, als Kalender für lesensunkundige Leute.

Vergleiche den „Triangel" des österlichen Stundengebetes der Dom- und Klosterkirchen; fünfzehn Kerzen gaben die Zahl der Psalmen an; neun Psalmen der Matutin, fünf der Laudes, dazu das Canticum „Benedictus".

Vergleiche die sieben Kerzen beim frühmittelalterlichen päpstlichen Gottesdienst: Sie zeigen die Präsenz von sieben Akolythen aus den sieben Diakonien an.

So zeigen die vier Kerzen die vier Sonntage des Advents an. Seit den dreißiger Jahren des 20. Jh. auch im kath. Gotteshaus aufgestellt.

Triangel des österlichen Stundengebets. Bronzeleuchter, Burgos, 16. Jh.

Adventskranz im Gotteshaus. (Foto KNA-Bild, Frankfurt a. M.).

4. St. Nikolaus

Hl. Nikolaus. Mosaik, Rom,
Kapelle Sancta Sanctorum, Ende 13. Jh.

Bischof von Myra

Teilnehmer des Konzils von Nizäa
Apostel der Caritas
Volksheiliger. Verehrung im Kaiserhaus.
Zahllose Legenden.
Im Westen unbekannt

Kaiserin Theophanu (Otto II.) bringt 973
Verehrung des hl. Nikolaus zum Westen
Erstmals Nikolaus als Mitpatron: um 1000 Abtei Aachen-Burtscheid
Erstmals Nikolauskirche: 1024 Abtei Brauweiler bei Köln

1087 Gebeine des hl. Nikolaus vor den Sarazenen
nach Bari in Sicherheit gebracht:
Beginn der Volksverehrung in Europa,
deren Ideen von der griech. Nikolauslegende genährt

Nikolaus Schülerpatron (wegen der Legende der von Toten erweckten Schüler)
Darum früher Schulpatron
Schulfest

Beim Schulfest 5./6. Dezember älterer Brauch (vom 28. Dezember) angesiedelt: Spiel der umgekehrten Ordnung bzw. des Zukünftigen = Kinderbischofsspiel (Schüler zum Bischof, Abt, Propst gewählt und eingekleidet)

Schuldkapitel der Erwachsenen vor dem „Kinderbischof“,
Bestrafung durch einen „Knecht“, Belohnung mit guten Sachen
(Nikolausbescherung bis heute)

Nikolausfeier (Vesper) im Nikolausmünster
Überlingen. (Ähnlich sah der „Martinszug“ aus.)
(Foto T. Schneiders, Lindau.)

„Kinderbischofsspiel" umfunktioniert zum Darstellungsspiel:
Nikolaus kommt. Schuldkapitel wird Gericht über die Kleinen.
(Abhören des religiösen Wissens wie bei der Taufkatechese);
bleibt Belohnung und Bescherung
Das Vorbild aller Darstellungsspiele ist das Passions- und Osterspiel der Osternacht, hauptsächlich seit der gotischen Ära.

M. Luther schafft Nikolaus ab – ca. 1535.
Statt dessen kommt als Geschenkgeber „der heilige Christ":
das Christkindbrauchtum und die Weihnachtsbescherung

Nikolaus bleibt als Schreckgestalt vor und zu Weihnacht:
Knecht Ruprecht – Weihnachtsmann (pelzbesetzter roter Mantel bleibt von der damaligen Bischofstracht). Es bleibt Gericht über die Kinder (Abhören, Sack, Ketten), Belohnung
Der Begleiter des hl. Nikolaus heißt vielerorts: Hans Muff = der muffige Hans = Teufel, Krampus.

Seit 1. Hälfte 19. Jh. Weihnachtsmann als Relikt germanischer Gottheiten gedeutet – als Personifizierung der Natur („Väterchen Frost")
Säkularisierter Rest der Nikolausgestalt: Weihnachtsmann.
Zugleich Verweltlichung der Christbescherung.

Darstellung einer Nikolauslegende; der Bischof wirft drei Geldbeutel als Mitgift für drei Jungfern durchs Fenster. Holzrelief, München, nach 1500.

Unten links: Weihnachtsmann bringt den Christbaum. Stich von Moritz von Schwind (1804–1871).

Unten rechts: Schreckgestalt am Nikolaustag (Krampus, Hans Muff): Teufel.

5. Weihnachten

DIE FEIER DER GEBURT DES HERRN

Zuerst als Datum erwähnt Mitte 2. Jh.

hat 2 Wurzeln

Eine heidnische	*Eine judenchristliche*
Geburt des Sol Invictus am 25. 12. *(Sonnengottkult um 200 nach Rom)* Also Weihnachten fiktives Datum: Geburt des wahren Lichtes Christus gefeiert am heidn. Sonnengottfest	*Überlieferung*, und zwar: Christus sei gestorben am „Tag der Schöpfung“ = 25. 3. Empfängnis am gleichen 25. 3. (also geboren am 25. 12.) Also Weihnachten ein „echtes“ Geburtsdatum

Sol invictus (Sonnengott mit Nimbus, Strahlenkranz, Welthügel und flatterndem Purpurmantel, in einem von Rossen gezogenen Wagen). Mosaik, Rom, Juliergruft der Nekropole unter St. Peter, 2. Jh.

Weihnachten wird *Fest*	Entscheidender Impuls: Konzil von Nizäa 325: Christus Gott und Mensch. Texte der 3 Weihnachtsmessen ganz nizänisch!
Weihnachten wird Hochfest, Ostern ähnlich	Germanenmission im 5. Jh. Vor allem in Gallien u. a. Eingewanderte Stämme sind Arianer. Sie werden katholisch um-missioniert. Dazu hilft vor allem die nizänisch geprägte Feier der Geburt Christi. Beachte: Chlodwig ca. 400 an Weihnachten getauft.
Weihnachten eigengeprägtes Fest	3 Messen an Weihnachten in Rom dienen drei verschiedenen Verpflichtungen des Papstes: Betlehemfeier nachts in S. Maria Maggiore, Patrocinium in der byzantinischen Hofkirche S. Anastasia am Morgen, Hochfest des Sohnes Gottes (Nizäa) in St. Peter, später in S. Maria Maggiore. Im Mittelalter gedeutet auf Feier der dreifachen Geburt Christi.

Konzil von Konstantinopel 381; auf dem Thron das Evangelium als Vorsitz. Miniatur, um 880.

Weihnachten wird Fest des gläubigen Herzens	Mittelalterliche Christusfrömmigkeit: Bernhard, Franziskus von Assisi. Schau der Humanitas Salvatoris! Die Krippe (1232 Greccio) am Altar errichtet. Erster Beginn schon im 6. Jh. in einigen Hymnen und Responsorien des Weihnachtsoffiziums.
Weihnachten wird Geschenkfest (Bescherung)	M. Luther schafft um 1535 die Nikolausbescherung ab. Statt des hl. Nikolaus bringt den Kindern die Gaben „der heilige Christ". Der Christkindbrauch erobert Deutschland (Rheinland erst nach 1900), Mitteleuropa u. a. – Holland kaum. Der hl. Nikolaus wird zum Weihnachtsmann.
Weihnachten als Familientag	Neue positive Impulse durch den Pietismus im evangelischen Raum, durch die Frömmigkeit der Barockzeit und der Seelsorgsbewegung des 18. Jh. im katholischen, süddeutschen Bereich: die Weihnachtslieder!
Weihnachten wird ausgenutzt	Der Handel bemächtigt sich der Weihnachtsfeier, im großen Stil nach dem ersten Weltkrieg. Zugleich wandern viele Weihnachtsfeierelemente nach anderen Ländern, z. B. Christbaum nach Italien, Amerika.

Franz von Assisi in Greccio 1232 (die erste Krippe *am Altar).* Fresko von Giotto di Bondone, Assisi (Oberkirche von San Francesco), um 1300.

6. Christbaum

Wertschätzung des Baumes in allen Kulturen und Religionen.

Zeichen des Lebens Sitz von Gottheiten	Darum: Gerichtslinde, Maibaum

Große Rolle des Baumes in der Hl. Schrift: vom Paradiesesbaum bis zum Baum des Kreuzes
(vgl. Baum des Zachäus, Verfluchung des Feigenbaumes, Palmen)

Im Gotteshaus

Zier des Raumes
mit Maien = Birken
an sommerlichen Festen
(z. B. Fronleichnam . . .)

Zier des Raumes
mit Tannen
an winterlichen Festen

Die Zweige.
Palmen, Oliven, Buchsbaum, Weiden als gottesdienstliches Gerät am Palmsonntag, als Zeichen der Huldigung

Requisit bei „Mysterienspielen".
Der Tannenbaum stellt den Paradiesesbaum dar, von dem die „Früchte des Lebens" gepflückt werden.

Früchte des Paradiesesbaumes: dargestellt durch Äpfel, Nüsse, Festtagsbrote, aufgehängt am Christbaum. Durch Einwickeln in Goldpapier aufgewertet. Daher Christbaumkugeln, Christbaumschmuck.

Am Ende der Weihnachtszeit, 6. Jan., Plündern des Christbaums = Pflücken der „Früchte" = Vgl. das Heischerecht der Kinder.

Christbaum, mit Kerzen geschmückt, in Parallele zur Osterkerze (vgl. unten: die Übertragung von österlichen Feierelementen und Aussagen auf Weihnachten).

Zu den Bildern:

Kreuz als Paradiesesbaum. Marmorplatte von Chorschranken, Rom, S. Sabina, 9. Jh.

Fronleichnamsprozession zwischen Birken (Wolfach/Schwarzwald; Foto Renner/Bavaria, München).

Christbaum in der Bürgerstube des 19. Jh. Zeitgenössischer Stich.

7. Epiphanie und Weihnachten

Epiphania heißt: Erscheinung, Offenbarwerden
Im Sinne des römischen Imperators – Ankunft des Herrschers, Staatsbesuch

Eine Kaiser-Epiphanie (Marcus Aurelius auf dem Triumphwagen). Marmorrelief, Rom (Konservatorenpalast), 176 n. Chr.

6. Januar

Feier des alexandrinischen Stadtgottes Aeon verbreitet in den östlichen Mittelmeerländern

umgeprägt zum Christusfest: Geburt des Herrn

Nach Abwanderung der Geburtsfeier auf den 25. Dezember bleibt im Osten der 6. Januar hauptsächlich als Tauffest Christi

wird hier zur Erscheinung der Herrlichkeit Christi (3 Weise, Taufe, Kana)

25. Dezember

Geburt des Sonnengottes (Sol invictus)

Röm. Fest der Geburt des Herrn

25. Dezember

„Echtes" Geburtsdatum Christi, weil er am 25. März, dem „Tag der Schöpfung und der Erlösung", Mensch wurde

Röm. Tradition des 25. Dezember wird Ende des 4. Jh. vom Osten übernommen. (Chrysostomus: In Rom sind die Staatsarchive, da muß man das Geburtsdatum Christi kennen.)

Aber Feier des 6. Januar wandert in die Röm. Liturgie

In Nachahmung von Ostern (Ostertriduum, Himmelfahrt und Pfingsten, Vorbereitungszeit und Nachklang) wird Weihnachtsfestkreis ausgestaltet mit 3 Festen (Geburt, Erscheinung und Lichtmeß), Advent als Vorbereitung, Sonntage nach Epiphanie als Nachklang. Weihnacht – das Winterostern! Herrenjahr zweipolig!

In der Ostkirche

werden die 40 Tage für die Darstellung des Herrn vom 6. Januar an gerechnet. Darum Lichtmeß am 14. Februar.

In der Westkirche

40 Tage bis zur Darstellung vom 25. Dezember an gerechnet. Darum Lichtmeß am 2. Februar.

Wissend um eine Feier, aber nicht, worum es geht, bildet sich in Frankreich der 14. Februar – Valentinustag – als Tag der Brautleute heraus. Ob die Gesänge der Liturgie, die die Ankunft des Bräutigams besingen (Adorna), eine Rolle spielen?

8. Weihnachten und Ostern als Parallele

Vorbereitung	3 Wochen Advent 7 Tage Hoher Advent	6 Wochen Fastenzeit Heilige Woche
1. Feier	Weihnachten 3 Meßfeiern	Ostern 3 Tage: Ostertriduum (Karfr., Karsa., Osterso.)
Oktav	Neujahr – Hochfest der Gottesmutter	Weißer Sonntag
2. Feier	Epiphanie	Himmelfahrt
Festzeit	2 Wochen Weihnachtszeit (früher bis 6 Sonntage nach Epiphanie)	7 Wochen Osterzeit: Pentecoste = 50. Tag nach 7mal 7 Tagen
Schlußfest	Lichtmeß	Pfingsten
Austausch von Aussagen	Weihnacht	Osternacht
	fast identische Oration: Deus, qui hanc sacratissimam noctem	
	(Weihn.-Lieder) Heiligste Nacht O selige Nacht Lichterbaum	(Exsultet:) Sacratissima nox O vere beata nox Lichtsäule (Osterkerze)

Kind von Betlehem als Stern aus Jakob. Mosaik, Palermo, Chiesa della Martorana, 12. Jh.

Wirtschafts-brauchtum	Pachtzahlung an Weihnachten bzw. Martini (Adventsbeginn) bzw. Lichtmeß (Schlußfest)	Pachtzahlung an Ostern (Daher: Pauschalbetrag. – „Der freut sich wie ein Pfaffe auf Ostern“, der seine Pächte erhielt.) Gründonnerstag = „Antlaßtag“* = Zins- und Pachttermin
	Einstellung neuen Gesindes	Ebenso
Jahresbeginn	Anno ab Incarnatione 1. Jan. meint Weihnacht	Alter Oster-Jahresbeginn, sichtbar im Rechnungs- und Steuerjahr ab 1. April, sichtbar im Einritzen der Jahreszahl in die Osterkerze

* Antlaß = Entlassung, Ablaß

Auferstehender als Licht aus Nacht. Rembrandt, Auferstehung, 1639 (München, Alte Pinakothek).

9. Festtagsgebäck

Ursprung:
Eulogien = Brote, von Haus in die Kirche zur Segnung gebracht, beim Frühstück daheim verzehrt

(von daher: besondere Wertschätzung des Sonntagsfrühstücks bis heute)

Form der Eulogien im Gebiet der Gallikanischen Liturgie (zwischen Rhein und Atlantik): Brezel
Name: vom spätlat. „brachiatellum“ („Ärmchen“, „Teilchen);

Form: ovaler Brotkranz, in der Mitte verflochten.
Entspricht genau der gallikanischen Hostienform –

Halbiert = Kipfel, Hörnchen

Verbot der Brezeln durch Karolingische Synoden wegen der Gefahr einer Verwechslung mit konsekrierten (brezelförmigen) Hostien

Erhaltung der Brezeln
mit schlechtem Gewissen:
Die Neujahrsbrezeln werden
im Wald geschossen, fallen
vom Himmel . . .

Mannaregen in Form von Broten und Brezeln. Glasgemälde, Rothenburg, Jakobskirche, um 1400.

Brezelförmige Hostien. Elfenbein, Tafel von Bucheinband, 9./10. Jh.

Ersatz durch Bildbrote
Name:
Printe – von „imprimere“, aufgeprägtes Bild
Speculatius – von speculum = Spiegel, Abbild

Bildbrote an Festtagen auch verwendet, wenn die Kinder ihr „Heischerecht“ ausüben: Martins-, Nikolaus-, Weihnachtsgabe

Die gewählten Bilder sind meist Tiere, die auf Christus hindeuten;
Grundlage: byzantinische Tiersymbolik. Niedergelegt im „Physiologus“ (6. Jahrhundert)

Martinsreiter als Lebkuchenfigur. Unten links: Backmodell (zum Ausformen von Springerle, Spekulatius, Marzipan).

Unten rechts: Züri-Tirgell. (Aus: Elsa Quast, Festliches Backwerk. Brunnen-Reihe 37. Christophorus-Verlag Freiburg 1967.)

Andere Formen und Namen

Weihnachtsstollen: gedeutet als Abbild des gewickelten Christkindes? Das Wort „Stollen“ hängt wohl zusammen mit „Gestell“ und „Pfahl“.

Kipfel: s. oben: halbierte gall. Hostien-Brezel

Platz: von lat. „placenta“ = Kuchen; verkleinert: Plätzchen

Lebkuchen: vom lat. „libum“ = Fladen = Flachkuchen
(röm. Hostienform = Flachbrote, Matzen)

Teilchen: s. oben „brachiatellum“

Marzipan: vermutlich von „Marci-panis“ (Markusbrot), weil der Mandel- und Nußbrei in der fruchtbaren venezianischen Ebene unter dem Patronat des hl. Marcus beheimatet ist

10. Quadragesima

Taufe. Teil einer Elfenbeintafel,
Metz, Drogo-Sakramentar,
9./10. Jh.

ÖSTERLICHE BUSSZEIT, FASTENZEIT

Überblick über die Reform

Aufgehoben wurden die

Vorfastenzeit	und die	*Passionszeit*
mit ihr die *Sonntage* *Septuagesima* *Sexagesima* *Quinquagesima*		mit ihr der Passionssonntag als solcher; er wurde 5. *Fastensonntag*

Sie entstammte

der frühchristlichen
Taufunterrichtspraxis

An Septuagesima: Vorstellung der Taufkandidaten vor dem Bischof; deshalb Ev. von den Arbeitern im Weinberg

der Vermehrung des Bußeifers
in der Zeit der Völkerwanderung

Viele Klage- und Bußtexte, z. B. Septuagesima: „Circumdederunt me ...“

Weinbergsarbeiter. Miniatur, Goldenes Evangeliar Heinrichs III., Mitte 11. Jh.

Weithin aufgehoben wurde der Zusammenhang Evangelium–Stationskirche.
Bevorzugt werden nun die großen Themen:
Buße, Wahrhaftigkeit, Nächstenliebe.

Bußsakrament.
Tafelbild, 18. Jh.

Die Quadragesima, verglichen mit Tempel und Kirche

	Aschermittwoch und die 3 folgenden Tage	Portal/Porticus
40 Tage	5 Sonntage mit 5 Wochen	Tempelhof = Kirchenschiff
40 Tage	Palmsonntag mit der Hl. Woche bis Gründonnerstag ohne Abend	Heiligtum = Chorraum
	Das Triduum sacrum ab Gründonnerstag Abend ist schon Osterfeiertag	Allerheiligstes = Altar

Portal: Aschermittwoch und die 3 folgenden Tage

Themen: Buße, Aufgeben der Ichbezogenheit, Fasten
bringen österliche Freude (Gnade, Leben)
und tragen sie schon in sich.

Übergangscharakter wie jedes Tor:
Noch feriae per annum, aber schon in Violett;
es unterbleiben: Alleluja, Tedeum, Gloria.

Am Tor der Bußakt in Großformat
für die ganze Quadragesima, ähnlich dem
täglichen Bußakt zum Meßbeginn.

Am Tor fand einst das Gericht statt, hier das Selbstgericht.

Asche, verwendet nach biblischem (und überhaupt antikem) Vorbild; dabei ist zu bedenken, daß man einst aus Asche Seife bereitete und so mit Asche Wäsche wusch.
So ist Asche nicht nur Zeichen der Vergänglichkeit, sondern auch der Reinigung.

St. Paul vor den Mauern, Rom – Typus der altchristlichen Basilika (vor der Erneuerung nach dem Brand von 1823). Außenansicht: anonymer Stich, 16. Jh. Innenansicht: Stich von G. B. Piranesi (1720–1778).

Samaritanerin am Jakobsbrunnen;
Auferweckung des Lazarus.
Miniatur, Goldenes Evangelienbuch
von Echternach, um 990.

Tempelhof = Kirchenschiff: 5 Wochen der Quadragesima

Themen: * Lesejahr

1. Sonntag A* B* C*	Versuchung Jesu	Woche: Gesinnung der Echtheit
2. Sonntag A* B* C*	Verklärung Jesu	Woche: Erbarmen
3. Sonntag A*	Samariterin am Jakobsbrunnen	Woche:
B*	Reißt den Tempel ab!	Rechtfertigung,
C*	Bußruf	Vergebung
4. Sonntag A*	Blindgeborener	
B*	Nikodemus	Woche:
C*	Verlorener Sohn	Leben
5. Sonntag A*	Lazarus	
B*	Weizenkorn	Woche:
C*	Ehebrecherin	Erhöhung, Freiheit, Bund

Beachte an den Freitagen der Quadragesima die hintergründigen und offenen Hinweise auf den Karfreitag und die Passion!

Das Kirchengebäude mit Maria und den Heiligen. Miniatur aus dem Hortus deliciarum, 1170/90.

Brauchtum

nicht sehr entwickelt, weil in alter Zeit das Frühjahr viel Feldarbeit bringt.

Beachte aber:

Fastensynoden der Bischöfe (Versammlungen der Zünfte)!

Laetare: Segnung der ersten Blüten
Von daher: Segnung der „Goldenen Rose" durch den Papst

Rosa Farbe: siehe Spiel der Farben –
Rosa ist nur blaß-violett

Heiligtum = Chorraum: Heilige Woche

Palmsonntag = Passionssonntag

Ouvertüre der Osterfeier
Nachahmung des Einzugs Christi
Christkönigsspiel unserer Gemeinden

Palmzweig = Königsattribut Olivenzweig = Friedenszeichen. Vgl. Noe

Weidenzweig und Buchszweig = gehören zu den heilkräftigen Zweigen der Römer
Buchs innerhalb des Limes angepflanzt vor allem bei Badeorten

Alle anderen Zweige und Knospen sind gestattet.

Leidensszenen, in der Mitte Siegeskreuz. Marmorsarkophag, Rom, 5. Jh.

Palmsonntagsprozession in der Grabeskirche zu Jerusalem: Ölbaumzweig und brennende Kerze (Foto KNA-Bild, Frankfurt a. M.).

11. Ostern

Geschichtliche Entwicklung
und Verflechtung

Johanneische Tradition aus Ephesus im ganzen Osten:
Feier des Leidenstages im Ausblick auf die Auferstehung

Gründonnerstag

kommt neu hinzu
(Vorabend des Karfreitag)

Karfreitag

bleibt der Johanneischen
Tradition getreu, voll
österlicher Gedanken
und Melodien

Von der Osternacht
abgezweigt.
Reconciliation

(Name „Grün" vermutlich von „greinen" = weinen = Büßer)

Ebenfalls aus Osternacht: Segnung der
hl. Öle

Vom Karfreitag abgezweigt Gedächtnis
der Einsetzung
am Vorabend

Da schon hl. Messe
am Vorabend, genügt
Wortgottesdienst mit
Kommunionempfang

Nach der Liturgie-Erneuerung des Zweiten Vaticanum

Gründonnerstag

als Vortag ganz Feria

Am Abend erst
Abendmahlsgottesdienst

Ölweihe
nach Belieben verlegbar

Karfreitag

in Rot

Am Nachmittag Wortgottesdienst mit
hl. Kommunion
(Messe am Gründonnerstag)

Zwei Urformen

Vereinigung unter Konstantin:
Triduum des „Gekreuzigten, Begrabenen, Auferstandenen" Herrn mit allen Ehren und staatl. Hochfeiern umgeben

Karsamstag

ist der liturgielose Tag, der eigentliche Trauertag (beachte jedoch den Osten, der den Descensus ad inferos als hauptsächl. Osterbild hat)

Spätmittelalterlich
Nachmittag (post Nonam)

Barockzeit
Karsamstag Morgen

Pius XII. verlegt Osterfeier zurück zur Osternacht

Karsamstag Abend nimmt Osterliturgie auf

Karsamstag

liturgielos

Petrinische Tradition in Rom und im Westen:
Feier der Auferstehung im Rückblick auf das Leiden

Osternacht

(früher beginnend in Violett) bleibt (getreu der Petrinischen Tradition) auch dem Kreuzopfer zugeordnet

Vorfeier:
Lichtfeier
abgeleitet aus der Stadtillumination
Fränkische Zutat:
Feuerweihe

Hauptfeier
Taufe als Auferstehung in Christus und Erstkommunion als Ostermahl

Zentraler Gedanke
Parusie in der Osternacht
Schon Hieronymus klagt über Unsicherheit in der nächtl. Großstadt. Deshalb Tendenz zu immer früherem Beginn der Feier, bes. nach Abnahme der konkretisierten Parusieerwartung.

Osternacht

ganz in Weiß

Lichtfeier vorher

Tauffeier nach Wortgottesdienst

Eucharistiefeier

Ostersonntage und fünfzigtägige Osterzeit (Pentecoste) bis Pfingstsonntag konsequent und klar neugeordnet

12. Heilige Woche und Ostern

Deutungsversuche für die Besonderheiten

Drei Prinzipien erschließen das Verständnis	[1.] An hohen Tagen erhalten sich die alten Bräuche
	[2.] Das Gesamtkonzept des Triduum paschae
	[3.] Das Streben nach genauer Nachahmung Christi und des Geschehens in jener Zeit

Die Besonderheiten:	Der Deutungsversuch:
Das verhüllte Kreuz (nicht mehr vorgeschrieben, aber sehr wünschenswert)	* [1.] Alter Brauch: Verhüllung der Altäre und des gesamten Chorraumes. Diese aber dient dem „Fasten der Augen", der Betonung des Mysterium crucis. (Fasten- oder Hungertuch!)
	[2.] Das Kreuz wird durch das Tuch zum Labarum, zur Siegesfahne.

* Diese Zahlen beziehen sich auf die obengenannten drei das Verständnis erschließenden Prinzipien.

Fastentuch mit den Leidenswerkzeugen. Filetstickerei, Münster 1629.

Kreuzprozession, S. Croce, Rom

„Palmesel" für die Palmprozession. Freiburg, Augustinermuseum (Bildverlag Freiburg i. Br.).

Bretter als Glocken. Eingang der armenischen Jakobuskirche in Jerusalem.

Hosannaglocke vom Freiburger Münster, 1258. (Foto: Karl Müller, Freiburg i. Br.).

Der feierliche Palmsonntagszug	[3.] Nachahmung des einstigen Geschehens
Das Schweigen der Glocken von Gründonnerstag bis Karsamstag	Kein eigentliches Trauerzeichen, sondern: [1.] Die Glocken entstehen erst im 7./8. Jh., verbreitet im Mittelalter. Man folgt dem älteren, glockenlosen Brauch.
Das Geläut zum Gloria des Gründonnerstages und der Osternacht	[2.] Man will mit den „neumodischen" Glocken Osterfestlichkeit schaffen, und zwar am Gründonnerstag zur Rekonziliation der Büßer, in der Osternacht zur Auferstehung.
Die „hölzernen Glokken", d. h. Klappern, Raspeln	[1.] Ältere Formen von Rufinstrumenten. In östlichen Klöstern gibt es den hölzernen Gong.
Das Schweigen der Orgel	[1.] Die erste Orgel kommt unter Pippin d. J. (8. Jh.) in den Westen. Erst im späten Mittelalter entfaltet sich die Orgelkultur. Im Ostertriduum und in der Quadragesima verzichtet man auf die Orgel um der altehrwürdigen Tradition willen – und [2.] gebraucht sie doch zum Gloria am Gründonnerstag ausnahmsweise, zum Ostergloria, um der österlichen Feststimmung willen.
Die vorgeschriebenen Stunden für die Feier	[3.] Sie entsprechen den Stunden, zu denen dies alles geschah: Gründonnerstag*abend*. Karfreitag 15 Uhr, Ostervigil nachts.
Die Fußwaschung	[3.] Nachahmung Christi. – Vgl. unten: Die Anbetung!

Die Sakraments-
prozession

[1.] Ursprünglich nach jeder Meßfeier Übertragung des Allerheiligsten an einen Aufbewahrungsort – diese Reposition unter Einfluß der Fronleichnamsideen feierlich ausgestaltet, zugleich ist die Reposition ihrerseits Keimzelle der theophorischen Prozessionen.

Die Anbetung

[1.] [3.] Ursprung: Lesung der Abschiedsreden Jesu, begonnen in der Gründonnerstagsmesse mit Joh 13 (Fußwaschung! Daher das Evangelium des Gründonnerstags!), die Nacht hindurch fortgesetzt bis in den Karfreitag. Die Lesung wird dann eucharistische Anbetung – Ölbergwache beim Herrn.

Sie nimmt in sich auf: die vierzigstündige Grabeswache zwischen Karfreitag und Osternacht. Nach Vorverlegung der Osterfeier auf den Karsamstag muß man, um die vierzigstündige Grabeswache zu erhalten, den Gründonnerstag mit beanspruchen. Hier liegen die Wurzeln des späteren vierzigstündigen Gebetes. – Pius XII. belebte die Anbetung am Gründonnerstag neu.

Die Entblößung des
Altares und das
Bereiten des Altares

[1.] Denudatio am Gründonnerstag und praeparatio des Altares am Karfreitag erhalten die alte Sitte, den Altartisch zu Beginn des eigentlichen eucharistischen Teiles des Gottesdienstes heranzutragen bzw. neu zu decken und am Ende der Feier abzudecken bzw. wegzutragen. Im Bewußtsein des Volkes wandelt sich diese Tischsitte in ein Zeichen der Trauer über die Wegnahme der Kleider des Herrn.

Prozession. Miniatur, Nordfrankreich, um 1480 (vgl. S. 42).

Tragaltar. Paderborn, 1100.

Passionsszenen.
Elfenbein, Narbonne, Anfang 9. Jh.

Die Prostratio = Sichniederwerfen zu Beginn der Karfreitagsliturgie

[1.] Sie geschah früher als Begrüßung des Altares vor jedem Gottesdienst; sie blieb außer dem Karfreitag bei Weihe und Profeß.

Die Ordnung der Karfreitagsliturgie

[1.] Sie entspricht dem Verlauf eines Stationsgottesdienstes vorkonstantinischer Zeit.

Das Fehlen der hl. Messe

[2.] Das Triduum paschae ist eine Einheit, die mit der Messe am Gründonnerstag beginnt und mit der Osternachtmesse schließt, wobei mit dem Gründonnerstagabend schon der Karfreitag anfängt. Darum ist das Fehlen der hl. Messe nicht als Trauer zu deuten. Der Karfreitag hat seine Messe am Vorabend.

Die Kommunion am Karfreitag

[1.] [3.] Sie erinnert an die frühchristliche „Hauskommunion“ an Tagen ohne Messe, wozu man die Eucharistie von der Meßfeier (am Gründonnerstag!) mit nach Hause nahm. Im Mittelalter ist die Karfreitagskommunion nötig, um den Andrang der „Österlinge“ zu bewältigen. Sie bleibt an Kreuzwallfahrtsorten. Sie geht verloren durch die „seltene“ Kommunion. Sie wird wieder erneuert von Pius XII.

Die Kreuzeshuldigung

[2.] Sie hat ihren Ursprung in Jerusalem (4. Jh.), wo den ganzen Tag die Pilger am aufgefundenen Kreuz Christi vorüberziehen und es verehren. Das Zeigen (Enthüllen) des Kreuzes ist spätere Zutat zur Eröffnung der

Kreuzreliquie. Esztergom (Ungarn), 11. Jh.

		Verehrung. Es steht mit der Verhüllung des Kreuzes am früheren Passionssonntag in keinem Zusammenhang
Die Paramente am Karfreitag	[1.]	Sie erhalten am längsten die schwarze Farbe, die die kostbarste und teuerste ist. (Vgl. Kap. Farben.) Vom Karfreitag wandert das Schwarz in die Totenliturgie. Die Liturgiereform wählt rote Farbe um des österlichen Charakters der Feier willen. Pius XII. hatte das Schwarz beim eucharistischen Teil der Feier durch Violett ersetzt.
Osternacht: Feuerweihe		Fränkisch-gallischer Brauch, als Osterspiel gedacht, nicht ohne Einfluß des „Sonnwendfeuers“
Osterkerze	[2.]	Ursprung in der Stadtillumination (Königsfest) zu Ostern
Bezeichnung der Osterkerze	[2.]	Seit Pius XII. in Erinnerung an österlichen Jahrbeginn
Prozession mit der Osterkerze	[2.]	Osterspiel . . .
Exsultet		Osterlob! Es wird zur Weihe der Osterkerze gesungen

Feuerweihe in der Osternacht; Gemeinde in der Osternacht; Osterkerze (Fotos Fernand Rausser, Bern).

Taufwasserweihe; Einsetzung der Taufe durch Christus und Taufspendung. Miniaturen von einer Exsultet-Rolle, Benevent, 10. Jh.

Neue Einrichtung der Feier, ihrer Lesungen, die Einführung der Sonderelemente in den Lesegottesdienst und nach ihm

Klärung und Rationalisierung der verwirrenden Fülle der Riten, doch zugleich ihre Einebnung und Verödung

Taufgottesdienst

[1.] [3.] Nach der nächtlichen Vigil einst der Zug zur Taufkirche, dort Wasserweihe und Taufe, dann Zug zur Basilika für die Eucharistiefeier

Früheres Stundengebet am Ende der Osterfeier

[2.] Es war bedingt: am Karsamstag durch die nachmittägliche Stunde, in der Osternacht Pius' XII. durch die nächtliche Feier; jetzt Lesegottesdienst = Officium lectionis des Stundengebets.

13. Osterei

Zwei Ursprungsideen:	
Ei in allen Kulturen: Lebenssymbol	Ei = Pacht und Zins des kleinen Mannes (vor und nach Einführung der Geldwirtschaft): Soundso viele Eier entrichtet als Pacht für ein Stück Land.
Zeichen des neuen Lebens der Auferstehung	Pachttermine sind Weihnachten (Adventsbeginn Mitte November, also Martini, 11. 11.; Schlußfeier Lichtmeß, also 2. 2.) *und Ostern,* da vor allem der Antlaßtag* = Gründonnerstag.
Ostergabe	Darum Ostereier als Zins und „Gehalt" für die Ministranten und den Küster eingeholt.
	* Am Gründonnerstag wurden die öffentlichen Sünder „entlassen".

Zier des Ostereies		
Gefärbt: für den baldigen Genuß gekocht und durch Farbe kenntlich gemacht	Ungefärbt u. dgl.: zum Aufbewahren in Stroh	Geschmückt: als Festgabe kenntlich Künstliches Ei aus Wachs, Perlmutter, Marmor, Edelsteinen So in Fürstenhäusern, im griechischen liturgischen Brauch, in Italien

Geschmückte und verzierte Ostereier (aus: Hans Fasold, Bunte Ostereier. Brunnen-Reihe 24, Christophorus-Verlag, Freiburg i. Br. 1966)

14. Osterhase, Fuchs und Schlange, Storch

Osterhase

Grundlage: Byzantinische Tiersymbolik,
aufgezeichnet im „Physiologus“ (6. Jh.) eines griechischen Klosters

Hase: schläft nicht! (Das heißt, er hat keine Augenlider, schiebt zum Schlaf Pupille nach oben.)

Also: Symbol der Auferstehung, weil Christus im Tode nicht entschläft.

Hasenbild, den österlichen Bildbroten aufgeprägt (s. oben), Brot in Hasenform (vgl. Hasenbrot = Reisebrot wie an Ostern).

Hasen-bild-brot, zusammengebacken mit einem Ei – Osterei – als Ostergabe, Osterzins

So entsteht die Mär: Der Hase legt die Eier.

Albrecht Dürer, Der Hase, 1502 (Wien, Albertina).

Fuchs und Schlange

Auf den *Teufel* weisen zwei Tiere hin: die Schlange und der Fuchs,

Schlange – wegen des Berichtes der Genesis;

Fuchs – wegen seiner Verschlagenheit.

Deshalb unpassende abwertige Bemerkungen über die Rothaarigen:
Ein „Fuchs“ erinnert an den Teufel, deshalb muß man sich vor dem Fuchshaarigen in acht nehmen.

Christus zeigt der Ecclesia und den Töchtern Jerusalems den Weinberg, den die als Häretiker und Schismatiker gekennzeichneten Füchse zerstören wollen. Hortus deliciarum, Ende 12. Jh.

Storch

Grundlage: Byzantinische Tiersymbolik
(s. Osterhase)

Sinnbild Christi: weil er wegzieht und wiederkommt;
weil er seinen Weg kennt (nach M. Luther so).

„Der Storch bringt die Kinder“ = Symbolaussage für Christus, Gott Ursprung des Kindes.

Vgl. lokale Märlein: neugeborene Kinder aus Brunnen oder fließendem Wasser geholt (z. B. Köln: Kinder aus dem „Kunibertspütz“ = Brunnen unter der Krypta der Kunibertskirche): Die Geburt des Gotteskindes im Taufbrunnen als Deckaussage für die leibliche Geburt.

15. Die Tiere in den Gasthofnamen

Die Sonne wirbt um Verehrer des Täufers (Foto Retzlaff, Tann).

Viele alte Häuser tragen Namen und Namensschilder, die von Tieren kommen. Mancherlei Ursachen wirkten dahin. Die Gasthöfe wählten solche Namen, die die Reisenden werbend und anziehend beeinflussen sollten. Darum bevorzugte man Namen und Zeichen von Tieren, die als Sinnbilder an die heiligen Patrone der Wanderer und Reisenden erinnerten. Die Reisepatrone werden auch im Reisesegen erwähnt. Einige Patrone ergeben sich aus den Schutzheiligen bestimmter Berufsgruppen.

Patrone der Reisenden	*Grund*	*Symbol*	*Gasthof*
Johannes der Täufer	Vorläufer Christi Im Benedictus genannt als Friedenswegbereiter	Lamm („Seht das Lamm Gottes!“)	Zum Lamm
Johannes der Täufer		Sonne (=Deesis) trägt Christus	Zur Sonne
Die hl. Drei Könige Kaspar, Melchior Balthasar (der schwarze König)	Sie suchten und fanden Christus	Stern (der den Weg zeigte) Krone (ihr Königtum) Mohr (der schwarze König)	Zum Stern Zur Krone Zum Mohren Zum schwarzen Mann
Hl. Vier Evangelisten Mattäus Markus Lukas Johannes	Nach der Lesung aus Ezechiel an den Festen der Evangelisten: Sie eilen dahin und daher…	Mt: Engel (oder Mensch) Mk: Löwe Lk: Ochse Joh: Adler	Zum Engel Zum wilden Mann Zum Löwen Zum (Roten) Ochsen Zum Adler
Hubertus	Patron der Jäger: Vision eines Hirschen mit Kreuz im Geweih	Hirsch	Zum Hirschen
Eusebius	Patron der Reiter. An seinem Fest Segnung der Pferde	Pferd	Zum Rössel

Merkwürdigerweise sind hier nicht auffindbar: der klassische Pilgerpatron Jacobus der Ältere noch auch die Heiligen, die in der Hl. Schrift auffallen: der Erzengel Raphael, der Völkerapostel Paulus. — Beim Gasthof „Zum Bahnhof" sucht man natürlich vergeblich nach einem Patron unter den Heiligen. — Doch muß man zusehen, ob der „Mainzer Hof" oder der Gasthof „Zum Rad", ob der „Kölner" oder „Trierer Hof" bzw. der Gasthof „Zum Schwarzen Kreuz" oder „Zum Roten Kreuz" und ähnliche Namen und Sinnbilder nicht darauf hinweisen, daß hier in alter Zeit ein Logis für die reisenden Kurfürsten von Mainz oder Köln oder Trier und ihre Leute oder für einen Abt oder Bischof bereitet war.

Der Hirsch wirbt um die Jäger (Foto Retzlaff, Tann).

Himmelfahrt Christi und Frauen am Grab. Elfenbein, um 400.

16. Himmelfahrt des Herrn

Erste Feier der Himmelfahrt	zusammen mit *Ostern* (wie auch Markus Ostern und Himmelfahrt in eins sieht)
Zweite Feier der Himmelfahrt	in Jerusalem (ca. 390) an *Pfingsten,* und zwar mittags auf dem Ölberg
Dritte Feier der Himmelfahrt	in Jerusalem (ca. 390) am *40. Tag* nach Ostern (laut Lukas) durch eine Prozession nach – Betlehem, zum Ursprung
Um 400	im vollen Licht der heutigen Liturgie
	Texte (wie Epiphanie), klassische Formulierung aus einem Guß, betonen die königliche Herrschaft Christi.

17. Pfingsten

Israelitische Festordnung:
Feier der Gesetzgebung
auf Sinai

Schlußfest der Osterzeit:
nach 7 × 7 = 49 Tagen.
Die Pentecoste = der 50. Tag,
der Beginn der Vollendung,
die Ostern angebahnt wurde

Taufe der
an Ostern Verhinderten

Mancherorts bis zur Neuzeit: Pfingstoktav mit Domwallfahrt zum Empfang der Firmung

Feier des Ereignisses,
das von diesem Tag in der
Apostelgeschichte berichtet ist: Herabkunft des
verheißenen Hl. Geistes

Dominiert als
einziger Festgedanke,

aber noch als Christusgeheimnis, da er den Hl. Geist sendet
(Süditalien: Pasqua rossa).

Nach dem Hochmittelalter: Subsistierendes Heilig-Geist-Fest, Beginn des Pfingstfestkreises ohne Zusammenhang mit Ostern. Kirchenjahr spiegelt das Trinitätsmysterium.

Einfluß von ersten Erntefeiern (Pfingstquatember!) und nichtreligiösen Frühlingsfesten

Verweltlichtes Fest; Goethe: „Pfingsten, das liebliche Fest, war gekommen, es blühten die Bäume . . .“

Liturg. Erneuerung (Vaticanum II) zieht durch Aufhebung der Pfingstoktav (die aber bei uns bleibt) Pfingsten wieder ganz an Ostern heran. Pfingstoktav ersetzt durch Pfingstnovene (vgl. Apg) von Himmelfahrt bis Pfingsten.

Pfingstbild. Evangeliar des Kuno von Falkenstein, um 1380.

18. Pfingsten-Nachhall

Wie eine Glocke nach Ende des Geläutes noch mehrmals anschlägt

Dreifaltigkeit *Fronleichnam* *Herz Jesu* *Christkönig*	Alle diese FEIERN sind in der Osterfeier enthalten, werden aus katechetisch-pädagogischen Gründen und um der Festlichkeit willen noch einmal herausgegliedert und eigens gefeiert.

Dreifaltigkeit	Fronleichnam	Herz Jesu	Christkönig
Grundthema: Ehre sei dem Vater . . .	Gründonnerstag	Karfreitag	Ostern Himmelfahrt
Beginn der Entwicklung in karoling. Zeit mit der Votivmesse von der Dreifaltigkeit in Lüttich Fest angeordnet in *Avignon* 1334 von Johannes XXII.; vorher schon in Cluny	Lüttich: 1. Feier des Festes 1246. Orvieto 1264: Anordnung durch Urban IV., Konzil von Vienne 1311 schärft ein. Prozession, zuerst zwischen 1275 und 1278 in Köln, St. Gereon	Coutances und Besançon: 1. Feier 1688/92 (nach Visionen der hl. Marg. M. Alacoque in Paray-le-Monial bei Cluny), Anordnung durch Clemens XIII. 1765	Nach Anregungen aus Paray-le-Monial und Marseille angeordnet von Pius XI. 1926 unter sozialen Ideen; Paul VI. verlegt auf den letzten Sonntag des Herrenjahres bei stärkerer Betonung des österlichen Charakters.

Alle vier Feste: Gemeinsame Heimat
im burgundisch-lotharingischen Raum

Verehrung des Herzens Jesu.
L. Cranach d. Ä., Holzschnitt,
1505 (Ausschnitt).

19. Kirchengeschichte spiegelt sich in Festen

In dieser Aufstellung geht es nicht um den Inhalt der Feste und Feiern des Jahres Christi – da leuchtet die Geschichte unseres Heils, das Geschehen um Christus –; vielmehr handelt es sich um die Geschichte des Festes als liturgischer Gestalt, um den Eintritt des Festes in den Kalender, aus diesem oder jenem geschichtlichen Anlaß. Eine Zusammenstellung, die hier noch keinen Anspruch auf Vollständigkeit erhebt, zeigt, daß sich in den Festen die Kirchengeschichte mit vielen ihrer Ereignisse widerspiegelt.

Fest	*Anlaß der Einführung*
9. 11. Kirchweih der Lateranbasilika	313 konstantinische Wende
18. 11. Kirchweih St. Peter	
25. 12. Weihnachten Advent	325 Konzil von Nizäa Echo von Ephesus
1. 1. (früher 11. 10.) Mutterwürde Mariens	431 Konzil von Ephesus, dessen Säkularfeier 1931: Pius XI.
21. 11. (früher Praesentatio) U. Lb. Frau von Jerusalem	ca. 500 Kirchweih der Marienkirche in Jerusalem
14. 9. Kreuzfest	629 Heimholung des von Persern geraubten Kreuzes durch Kaiser Heraclius
1. 11. Allerheiligen	610 (13. 5.) Kirchweih des Pantheon in Rom
	835 für Frankenreich von Ludwig d. Fr. verordnet als Friedenstag

Lateranbasilika, Rom, um 313 von Konstantin erbaut. Innenraum vor der barocken Umgestaltung auf einem Fresco in Rom, S. Martino ai Monti.

Pantheon, Rom, Stich von G. B. Piranesi (1720–1772).

2. 11. Allerseelen	ca. 1000 unter Eindruck der *Jahrtausendwende* in Cluny eingeführt	
Fronleichnam	1264 Denkmal *hochmittelalterlicher* Völkergemeinschaft und *Frömmigkeit,* eingesetzt von Urban IV., der aus Troyes in Frankreich stammte, Archidiakon von Lüttich und Patriarch von Jerusalem war, unter dem Eindruck des Wunders von Bolsena bei der Messe eines böhmischen Priesters	
21. 11. U. Lb. Frau von Jerusalem	1371 in *Avignon* von Gregor XI. eingesetzt.	
2. 7. Heimsuchung	1441 (2. 7.) vom *Baseler Konzil* vorgeschrieben	
6. 8. Verklärung	1457 nach dem Fall von *Konstantinopel* (1454) und dem ersten Sieg der Christen (1457) vor *Belgrad* als Dankfest eingerichtet	
7. 10. Rosenkranzfest	1573 zum Dank für den Sieg über die Türken bei *Lepanto,* während die römischen Bruderschaften am 7. 10. Rosenkranz beteten; von Gregor XIII. eingefügt.	
12. 9. Mariä Namen	1683 vom hl. Innozenz XI. als Dankfest für die *Befreiung* Wiens eingesetzt	

Verehrung des Allerheiligsten. Gemälde von Justus van Gent, 15. Jh. (Antwerpen).

Rosenkranzaltar. Schnitzaltar von M. und M. Zürn, 1631, Überlingen, Nikolausmünster.

Erstes Herz-Jesu-Bild der hl. Margareta Maria Alacoque (1647–1690).

Papst Benedikt XV. (1851–1922); Papst Pius XI. (1857–1939).

15. 9. Mariä Schmerzen	1688 vom hl. Innozenz XI. eingeführt, aber verbreitet als Bittfest für den von *Napoleon* 1809 *gefangengesetzten* Papst Pius VII.
Herz-Jesu-Fest	Clemens XIII. (1765) gegen den *Rationalismus* und gegen den *Jansenismus*
Dreifache Allerseelenmesse	Benedikt XV. unter dem Eindruck der vielen Opfer des *1. Weltkrieges*
Christkönig	1926 Pius XI. Erinnerung an das *Hl. Jahr 1925*

Das Bild der schmerzhaften Muttergottes *als Andachtsbild* (Miniatur, München, Herzogspital); *als Gnadenbild* (Telgte, um 1350; Foto Borgas, Münster); *als Fahnenbild* (barocke Kirchenfahne, 1664; Foto Ginter).

20. Verbleib der Liturgie des Stundengebetes im Volksgebet

Aus heidnischem Brauch	Aus israelitischer Frömmigkeit

wächst das christliche Stundengebet von
Morgenlob Terz Sext Non Vesper
wobei die frühchristliche Sitte beifügt das
Nächtliche Gebet (Nocturn, Metten, Vigilien);

die Klosterbräuche beifügen:
Prim Komplet

Gemeinschaft des Gebetes. Elfenbein, Tafel von Bucheinband, 9./10. Jh.

Zu diesem Gebetsgefüge:

Mette Laudes Prim Terz Sext Non Vesper Komplet

ist eingeladen

1. jeder Christ, der auf sein christliches Leben hält. Der Kleriker ist nicht als Kleriker, sondern als Christ verpflichtet;

2. jede fromme Gemeinschaft als Gemeinschaft, unabhängig von der Teilnahme des einzelnen;

3. die Gemeinde, mindestens zu Laudes und Vesper am Sonntag, wenn nicht täglich.

Form und Text dieses Gebetes sind völlig ungebunden.

In der klösterlichen Gemeinschaft, im Klerus der Basilika entwickeln sich liturgische Formen mit Psalmen, Lesungen etc.

Die Liturgie des Stundengebetes wird aus mehreren Büchern zusammengestellt (Psalter, Antiphonar, Hymnar, Passionale ...).

Die verschiedenen Bücher, zum einheitlichen Band zusammengefaßt, heißen *Brevier*, dessen Besitz seit 1240 vorgeschrieben ist.

Chorgebet der Mönche (Zisterzienser), (Foto KNA-Bild, Frankfurt a. M.).

Das Stundengebet steht unter bestimmten *Themen*

Themen	zur Nacht	am Morgen	zur Prim	Terz	Sext	Non	Vesper	Komplet
1. Urthema: Licht, Sonne, Dunkel	aus der Nacht zum Licht	Aufgang des Lichtes	Tagwerk im Licht	volles Licht	Licht wird Hitze	Sinken des Lichts	Licht in den Abend	Nacht mit Licht
2. Thema: Heilsereig nisse um Christus, das Licht	Ankunft: Weihnacht und Parusie	Auferstehung	(Nazaret) Der arbeitende Herr	Pfingsten	Thronbesteigung, Kreuz und Himmelfahrt	Tod Christi	Menschwerdung	(Kafarnaum) Der nächtens betende Herr
3. Thema: Ereignisse des Heilstages (Karfreitag)	Ölberg	Gottesbekenntnis vor dem hohen Rat	vor Pilatus	Geißel und Dornen	Kreuzweg	Öffnung des Herzens	Mater dolorosa (Vesperbild)	Grab

Diese Themen liegen dem Stundengebet ähnlich zugrunde wie die „Geheimnisse" den Rosenkranzgesetzen. Sie beeinflussen manchmal die Textauswahl der Lesungen, Psalmen oder Hymnen; immer sind sie der Kristallisationspunkt der Gedanken. – Diese Themen sind nachweisbar seit dem 2. Jh.

Der leseunkundige Beter kennt die Themeninhalte des Stundengebetes. Diesen Themen folgt er nicht mit hohen liturgischen Gebetsformen, sondern mit volkstümlichen Formen, die erhalten sind im

Rosenkranz – Man rezitiert eine bestimmte Anzahl von Vaterunsern und Ave-Maria und gedenkt dabei der Heilsthemen: Kreuz, Auferstehung usw. So die Brüder in den Orden (gelegentlich bis in unser Jh.).
Im 15. Jh. werden die 15 Gesetze geregelt.

Morgen- und Abendgebet.

Bruderschaftsoffizien – Von da stammen die Sonntagnachmittagsandachten.

Engel des Herrn, dem „kürzesten Volksbrevier", mit Gedenken der Auferstehung, des Kreuzes, der Menschwerdung, wenn es in der Kirche zu Laudes, Sext, Vesper läutet

Kreuzweg (z. T.) – Läuten zur Todesstunde Christi, Freitag, 15 Uhr; „Todesangstgebet" am Donnerstag.

Die Zeitansätze der Betrachtungen der *Ignatianischen Exerzitien* folgen den Stunden des Stundengebetes.

Hochformen des Volksgebetes:

Kreuzweg (oder Fußfälle) mit Bildstöcken und Kapelle (Foto Jeiter);

Kreuzweg auf der Via dolorosa in Jerusalem (Foto Silvester, Lörrach);

Wallfahrer an der Grotte von Lourdes (Foto Holder, Urach).

Blutritt in Weingarten (Lithographie von J. Bayer 1860);

21. Spiel der Farben

A. Urfarben der Stoffe

1. Grau – braun – gelblich ungebleichte Wolle ungebleichtes Leinen	einfach alltäglich arm
2. Weiß gewaschene und gebleichte Wolle gewaschenes und gebleichtes Leinen	geläutert festlich reich

Darum priesterliches Gewand in vielen Religionen

(bes. Israel, Rom, Griechenland):
Weiß – Tunika, Albe, Rochett

Normale Priesterkleidung bis Spätmittelalter: Albe. Daher die weißen Kutten der Priesterorden wie Zisterzienser, Chorherren, von daher der Dominikaner. Daher der weiße Talar des Papstes. Die Bischöfe legten über der „zivilen" alba communis (Rochett) die alba festiva (Meß-Albe) an. – Der schwarze Priestertalar erst 17./18. Jh.

mönchisches Gewand, Bußkleid:

Grau – braun (Bilder in Assisi zeigen den hl. Franziskus in Grau, Kardinäle aus den Mendikantenorden trugen früher Grau). Das Grau – Braun wird entweder zu Braun (Franziskaner) oder zu Schwarz (Conventualen oder Benediktiner) oder zu Violett (Bußliturgie).

Zu den Bildern auf Seite 42–45, 47–48:
Es handelt sich um bisher kaum bekannte Miniaturen zu einer spätmittelalterlichen Meßerklärung, entstanden um 1480 in Nordfrankreich („Exposition de la messe" von Jean de Vigny, im Anhang seiner französischen Übersetzung der Legenda Aurea des Jakobus de Voragine, Ms 22 der Fitzwilliam Library Cambridge).

Gruß des Priesters vor dem Tagesgebet.
Beginn des Evangeliums.

Erhebung der konsekrierten Hostie nach dem Einsetzungsbericht.
Friedenskuß, Weitergabe durch eine „Paxtafel".

B. Bunte Farben der Antike

1. Der Hauptfärbestoff der Antike ist der Purpur (= Sekret der Purpurschnecke – murex, eines im Mittelmeer lebenden Schalentieres; Purpur ist kein Wort über Farbe, sondern über Farbstoff).

   Purpurfarbstoff Handelsgegenstand (Purpurhändlerin Lydia aus Thyatira/Philippi: Apg 16,14), Reichtum der Phönizier. Eigene Färbereianlagen ausgegraben.

2. Mit Purpurfarbstoff entsteht die Farbe je nach der Quantität des verwendeten teuren Färbemittels und nach der Häufigkeit des Eintauchens in den Purpursaft:

   - Rosa
   - Violett
   - Rot – Karmin – „Purpurfarbe"
   - „Schwarz"

   Dazwischen etliche Nuancen.

   Wird Meerwasser bei der Färbung verwendet, entsteht — Grün

   NB. Blau ist im Purpurfärbeprozeß nicht enthalten.

3. Da für Schwarz der meiste Farbstoff benötigt wird, ist ein schwarz gefärbtes Gewand das teuerste.

Darum tragen Schwarz

die Matronen (S. Maria Maggiore, Rom, auch Maria und Ecclesia),
die Bischöfe (Ravenna, Paenula der B. schwarz, Diakone in Weiß),
der hohe Festtag (so bis vor einigen Jahren der Karfreitag),
die Bräute bis in das 19. Jh.,
die Herren als Festtagskleidung bis zur Gegenwart.

NB. Die Trauerfarbe ist Schwarz wegen der Festtagskleidung.
Das Schwarz der Totenliturgie wurde vom Karfreitag her übertragen.

Mönchspredigt vor der Kirche.
Spendung des Bußsakraments.
(Vgl. S. 42.)

4. Rot: Farbe des Königs

des Militärs
(Purpurmantel der Soldaten für Christus; roter Mantel vieler militärischer Einheiten, z. B. der marokkanischen Truppen der früheren französischen Armee, der Gardesoldaten)

der Reichsfürsten
(Kurfürsten, Herzöge – so auch die Bischöfe reichsfürstlichen Ranges)

des Papstes
(roter Mantel, roter Schulterumhang – Mozetta über weißem Priestertalar), weil Träger der königlichen Gewalt in Mittelitalien

der Legaten des Papstes, später

der Kardinäle insgesamt

der Kirchendiener („Schweizer", Ministranten)

Die römische Kaiserstandarte Rot in Gold gefaßt, wandert von Rom nach Konstantinopel. – Im Deutschen Reich wird sie Rot-Gold und Schwarz-Rot-Gold.

5. Karminrot – Dunkelviolett (oft „Purpur" genannt):

die alten Stiftsherren in roter „Purpurkappa" (= Schulterumhang)

bestimmte Beamte des päpstlichen Hauses

Codices, mit „Purpur" gemalt

die Purpurfahne der Stadt Rom, mit Gold verziert, wird zur heutigen römischen Stadtfahne Violett-Gold.

6. Violett (das jetzige Bischofsviolett):

die Kapläne und Prälaten des päpstlichen Hauses (im Gegensatz zu den weltlichen Bediensteten, die Rot tragen)

die Bischöfe übernehmen das Violett erst unter Pius IX. um 1850.

7. Grün:

wird später für das Mittelalter zur Bischofsfarbe.

Bittprozession (gegen Erdbeben, Feuer, Seuchen). Predigt eines Dominikaners mit Kreuz in der Hand. (Vgl. S. 42.)

C. Farben des Mittelalters:

Mit dem Untergang der antiken Kultur (hauptsächlich erst im 9./10. Jh.) gehen Technik und Kenntnis der Purpurfärbung verloren. Die – auch schon früher bekannte – Färbung mit Pflanzenstoffen wird ausgebaut, zugleich auch eine neue trinitarische Symbolik.

1. Rot, golden, goldgelb:

Farbe der Sonne, des Feuers, der Erhabenheit,
zugeeignet

Gott dem Vater,
dem König als Gottes Stellvertreter,
dem Feldherrn, Herzog usw. wie oben.

2. Blau:

Farbe des Himmels,
zugeeignet

Gott dem Sohne,
deshalb auch der Mutter Gottes.
Der französische König („Rex christianissimus") trug blauen Purpur.

NB. Der alttestamentliche Hohepriester trug Blau.

3. Grün:

Farbe der Wiese, des Waldes, der Schöpfung,
zugeeignet

Gott dem Heiligen Geist,
den Aposteln als Geistträgern,
den Bischöfen als Apostelnachfolgern.

NB. Heute noch tragen die Bischöfe grüne Hutquasten. Die Bischöfe, die nicht die Herzogswürde hatten, trugen bis 1803 Grün.
Die mittelalterlichen Apostelbilder zeigen grüne Mäntel oder Tuniken.

22. Der Sonntag

Römer

Wochenfest

Dies Iovis (Donnerstag)

Heute noch vorlesungsfrei, Ausflugstag, „Villatag“, der alten Seminare; in Trier freier Nachmittag der geistl. Büros

Islam

Wochenfest

Freitag (vielleicht Zusammenhänge mit dem christl. Karfreitag)

bis heute

Israel

Wochenfest

Sabbat – Samstag aus atl. Gesetz – 7. Tag des Schöpfungswerkes

bis heute

Christentum

Wochenfest

Sonntag – Herrentag (dominica; ital.: domenica; frz.: dimanche) wegen der Auferstehung Christi am 1. Wochentag – Beginn der Neuschöpfung / Wochen-*Ostern,* älter als jährl. Osterfeier

Sonntagsheiligung Arbeitsruhe

Seit Konstantin im MA. immer neu von Kirche und Staat eingeschärft.

Beachte Verschärfung durch alttestamentlich orientierten Calvinismus!

Von daher die modernen staatl. Gesetze, von USA und England aus beeinflußt.

Sonntagsfeier

Schon Apostelgeschichte, Apokalypse, Pliniusbrief setzen das (in unerhörtem Gegensatz zum Judentum) voraus: Märtyrer sterben für den Sonntag. (Abitene).

Sonntagsmesse

Selbstverständlich – spätestens seit Loslösung vom Judentum (70);

eingeschärft durch frühchristl. und mittelalterl. Gesetzgebung;

Kirchengebot seit Hochmittelalter, um den Verfall aufzuhalten.

Bild oben:
Christusmonogramm im Kranz von Tauben (Sinnbild für die Apostel). Mosaik, Albenga, Baptisterium, 2. Hälfte 5. Jh.

Bild rechts:
Vor Empfang der hl. Kommunion (vgl. S. 42).

23. Sonntag - Einteilung

Vorbereitung auf Ostern: 5 Fastensonntage + Palmsonntag (bisher noch 3 Vorfastensonntage)	Ostersonntag und 6 Ostersonntage (nicht mehr Sonntage nach Ostern), der 7. Sonntag = Pfingsten	*Sonntage ohne Bindung an eine Festzeit* Sonntage ältesten Stiles (bisher 6 nach Epiphanie und 24 nach Pfingsten), jetzt 34 Sonntage, der letzte als Christkönigsfest	Sonntag nach Weihnachten, Sonntag der Weihnachtszeit, Sonntag nach Epiphanie (bisher bis zu 6 Sonntagen nach Epiphanie)	*Vorbereitung* auf Weihnachten 4 Adventssonntage
5	7	34	3 (2)	4

52 (53)

24. Sonntag - Inhalt

Auferstehung Christi Der dominierende Inhalt seit Anfang	Der Erhöhte Herr (Herrentag) schon urchristlich	Sendung des Geistes (Sie geschah am 50. Tag, also am Sonntag, und war Erweis der Erhöhung Christi.)	1. Tag der Schöpfung – und Beginn der Neuschöpfung	Heiligste Dreifaltigkeit
Deshalb Canticum 3 puerorum als Osterlied	Darum der Name Dominica	In Texten nicht ausgedrückt	Kommt in Hymnen zur Sprache	Bisherige Dreifaltigkeitspräfation seit dem 18. Jh.
Stehende Haltung Gloria, Credo und zahlreiche Propriumtexte				

Segensgruß des Bischofs an die Gemeinde. (Vgl. S. 42).